PSALMS WRITE

시편! 씁니다

어린이 성경 필사 노트

⚠ 에이프릴지저스

일러두기

1. 본문의 성경은 (재)대한성서공회가 발행한 『성경전서 개역개정판』을 사용하였습니다.
2. 에이프릴지저스의 성인용 '쓰다' 시리즈 이후, 어린이용 '씁니다' 시리즈 성경말씀이 순차적으로 출간됩니다.
3. 표지와 내지에 수록된 그림은, 따뜻한 그림을 표현하기 위해 수작업인 손그림을 삽입하였습니다.

시편! 씁니다

필사는, 정독 중의 정독!
가장 적극적인 성경읽기입니다.

자~
시작해 볼까요?

기록자
WRITER

시작일
START DATE

마감일
COMPLETE DATE

머리말

우리 친구들!
매일 밥을 먹는것처럼, 영혼의 양식도 매일 먹으면 너무 좋겠죠?
성경을 읽는 것에서 그치면 먹기만 하는것이 됩니다.
말씀을 쓰는 것은 직접 요리를 해보는 것과 같아요.
그 과정을 통해 구체적으로 말씀을 이해하고 더 오래 기억할 수 있어요.

으악! 그런데 성경을 필사하려니 너무 지루할 것 같다고요?
걱정하지 마세요! 동물 친구들을 벗삼아 엄마와 함께 질문을 주고받다 보면
어느 사이 즐겁게 필사를 끝낼 수 있답니다.

시편은 총 150편으로 된 다섯 권의 '시집'을 하나로 묶어 놓은 책이에요.
"1,000년에 걸쳐 쓰여진 시"로 하나님을 향한 이스라엘의 찬양의 목소리랍니다.
말씀에 대한 묵상집인 동시에 성도의 신앙을 깨우치게 하는 거룩한 말씀이기도
해요!

우리 친구들 아름다운 노래 시편 필사로, 하나님을 찬양하며 위로와 힘을 받길
바래요!
자~ 그럼, 시작해 볼까요!

에이프릴지저스 편집부

시편! 씁니다
자유롭게 쓰고 꾸미는 신개념 필사 노트

이렇게 필사하세요

1. 말씀을 쓰기 전에 기도해요.
2. 분량을 정해놓고 매일 규칙적으로 소리내어 읽으며 써 보세요.
3. 이해가 안되는 말씀은 부모님께 물어보며 함께 해요.
4. 분량을 마치면 내가 쓴 말씀들을 어떻게 느꼈는지 상단에 있는 내용을 체크해요.
5. 부모님과 함께 성경 내용을 이야기하며 마무리해요.

왜 모눈(그리드) 노트인가?

성경을 자유롭게 필사하며, 오로지 말씀에만 집중할 수 있도록
에이프릴지저스가 선보인 신개념 필사노트입니다.
우리들의 글씨 크기는 모두 다릅니다. 획일화된 노트가 아닌
공간 활용에 자유로운 모눈(grid)노트로 한층 더 자유롭게 필사하세요.
마음에 와 닿은 말씀에 색연필, 형광펜 등으로 칠하면서 다시 한번 읽으세요.
남은 공간에는 스티커를 붙이거나 궁금한 것을 메모해도 좋아요!
나만의 멋진 성경 필사책이 탄생될 거예요.
자유롭게 필사하며 주님과 더욱 친밀해지기를 소망합니다.

부모님 가이드

· 필사를 하기 전에 자연스럽게 책에 대한 호기심을 유발할 수 있도록 아이들이 좋아하는 동물 친구들을 곳곳에 배치하여 지루함을 최소화하고자 하였습니다.
· 일정량을 끝냈을 때는 페이지의 상단 항목에 체크하도록 안내해 주세요.
· 자녀가 "☺어려워요"를 체크하였다면 이해할 수 있도록 성경말씀을 설명해 주세요.
· 쓰기에 성공하였을 때 자신감과 만족감을 느낄 수 있도록 칭찬을 아끼지 마세요.
· 각 장이 끝났을 때에 한 구절은 따라쓰면서 암송할 수 있게 구성했습니다.
기도할 때 암송한 시편 말씀으로 기도해요.

이해했어요 ☐   재미있어요 ☐   어려워요 ☐

1편

1. 복 있는 사람은 악인들의 꾀를 따르지 아니하며 죄인들의 길에 서지 아니하며
    오만한 자들의 자리에 앉지 아니하고

2. 오직 여호와의 율법을 즐거워하여 그의 율법을 주야로 묵상하는도다

3. 그는 시냇가에 심은 나무가 철을 따라 열매를 맺으며 그 잎사귀가 마르지 아니함
    같으니 그가 하는 모든 일이 다 형통하리로다

4. 악인들은 그렇지 아니함이여 오직 바람에 나는 겨와 같도다

1편 2절, 따라쓰면서 암송하기!

2. 오직 여호와의 율법을 즐거워하여 그의 율법을 주야로
   묵상하는도다

시편 쓴 날   월   일

3편

다윗이 그의 아들 압살롬을 피할 때에 지은 시

3. 여호와여 주는 나의 방패시요 나의 영광이시요 나의 머리를 드시는 자이시니이다

4. 내가 나의 목소리로 여호와께 부르짖으니 그의 성산에서 응답하시는도다 (셀라)

5. 내가 누워 자고 깨었으니 여호와께서 나를 붙드심이로다

6. 천만인이 나를 에워싸 진 친다 하여도 나는 두려워하지 아니하리이다

7. 여호와여 일어나소서 나의 하나님이여 나를 구원하소서 주께서 나의 모든 원수의 뺨을 치시며 악인의 이를 꺾으셨나이다

8. 구원은 여호와께 있사오니 주의 복을 주의 백성에게 내리소서 (셀라)

3편 3절, 따라쓰면서 암송하기!

3. 여호와여 주는 나의 방패시요 나의 영광이시요
   나의 머리를 드시는 자이시니이다

7

8편

다윗의 시, 인도자를 따라 깃딧에 맞춘 노래

1. 여호와 우리 주여 주의 이름이 온 땅에 어찌 그리 아름다운지요 주의 영광이 하늘을 덮었나이다

2. 주의 대적으로 말미암아 어린 아이들과 젖먹이들의 입으로 권능을 세우심이여 이는 원수들과 보복자들을 잠잠하게 하려 하심이니이다

3. 주의 손가락으로 만드신 주의 하늘과 주께서 베풀어 두신 달과 별들을 내가 보오니

4. 사람이 무엇이기에 주께서 그를 생각하시며 인자가 무엇이기에 주께서 그를 돌보시나이까

5. 그를 하나님보다 조금 못하게 하시고 영화와 존귀로 관을 씌우셨나이다

6. 주의 손으로 만드신 것을 다스리게 하시고 만물을 그의 발 아래 두셨으니

7. 곧 모든 소와 양과 들짐승이며

8. 공중의 새와 바다의 물고기와 바닷길에 다니는 것이니이다

9. 여호와 우리 주여 주의 이름이 온 땅에 어찌 그리 아름다운지요

8편 1절, 따라쓰면서 암송하기!

1. 여호와 우리 주여 주의 이름이 온 땅에 어찌 그리 아름다운지요 주의 영광이 하늘을 덮었나이다

○○이 무엇이기에 주께서 그를 생각하시며

 **15편**

다윗의 시

1. 여호와여 주의 장막에 머무를 자 누구오며 주의 성산에 사는 자 누구오니이까

2. 정직하게 행하며 공의를 실천하며 그의 마음에 진실을 말하며

3. 그의 혀로 남을 허물하지 아니하고 그의 이웃에게 악을 행하지 아니하며 그의 이웃을 비방하지 아니하며

4. 그의 눈은 망령된 자를 멸시하며 여호와를 두려워하는 자들을 존대하며 그의 마음에 서원한 것은 해로울지라도 변하지 아니하며

15편 3절, 따라쓰면서 암송하기!

3. 그의 혀로 남을 허물하지 아니하고 그의 이웃에게 악을 행하지 아니하며 그의 이웃을 비방하지 아니하며

16편

다윗의 믹담

1. 하나님이여 나를 지켜 주소서 내가 주께 피하나이다

2. 내가 여호와께 아뢰되 주는 나의 주님이시오니 주 밖에는 나의 복이 없다 하였나이다

3. 땅에 있는 성도들은 존귀한 자들이니 나의 모든 즐거움이 그들에게 있도다

4. 다른 신에게 예물을 드리는 자는 괴로움이 더할 것이라 나는 그들이 드리는 피의 전제를 드리지 아니하며 내 입술로 그 이름도 부르지 아니하리로다

5. 여호와는 나의 산업과 나의 잔의 소득이시니 나의 분깃을 지키시나이다

6. 내게 줄로 재어 준 구역은 아름다운 곳에 있음이여 나의 기업이 실로 아름답도다

7. 나를 훈계하신 여호와를 송축할지라 밤마다 내 양심이 나를 교훈하도다

8. 내가 여호와를 항상 내 앞에 모심이여 그가 나의 오른쪽에 계시므로 내가 흔들리지 아니하리로다

9. 이러므로 나의 마음이 기쁘고 나의 영도 즐거워하며 내 육체도 안전히 살리니

10. 이는 주께서 내 영혼을 스올에 버리지 아니하시며 주의 거룩한 자를 멸망시키지 않으실 것임이니이다

11. 주께서 생명의 길을 내게 보이시리니 주의 앞에는 충만한 기쁨이 있고 주의 오른쪽에는 영원한 즐거움이 있나이다

16편 8절, 따라쓰면서 암송하기!

8. 내가 여호와를 항상 내 앞에 모심이여 그가 나의 오른쪽에 계시므로 내가 흔들리지 아니하리로다

 **17편**

다윗의 기도

1. 여호와여 의의 호소를 들으소서 나의 울부짖음에 주의하소서 거짓 되지 아니한 입술에서 나오는 나의 기도에 귀를 기울이소서

2. 주께서 나를 판단하시며 주의 눈으로 공평함을 살피소서

3. 주께서 내 마음을 시험하시고 밤에 내게 오시어서 나를 감찰하셨으나 흠을 찾지 못하셨사오니 내가 결심하고 입으로 범죄하지 아니하리이다

4. 사람의 행사로 논하면 나는 주의 입술의 말씀을 따라 스스로 삼가서 포악한 자의 길을 가지 아니하였사오며

5. 나의 걸음이 주의 길을 굳게 지키고 실족하지 아니하였나이다

6. 하나님이여 내게 응답하시겠으므로 내가 불렀사오니 내게 귀를 기울여 내 말을 들으소서

7. 주께 피하는 자들을 그 일어나 치는 자들에게서 오른손으로 구원하시는 주여 주의 기이한 사랑을 나타내소서

8. 나를 눈동자 같이 지키시고 주의 날개 그늘 아래에 감추사

17편 6절, 따라쓰면서 암송하기!

6. 하나님이여 내게 응답하시겠으므로 내가 불렀사오니
   내게 귀를 기울여 내 말을 들으소서

18편

여호와의 종 다윗의 시, 인도자를 따라 부르는 노래, 여호와께서 다윗을 그 모든 원수들의 손에서와 사울의 손에서 건져 주신 날에 다윗이 이 노래의 말로 여호와께 아뢰어 이르되

1. 나의 힘이신 여호와여 내가 주를 사랑하나이다

2. 여호와는 나의 반석이시요 나의 요새시요 나를 건지시는 이시요 나의 하나님이시요 내가 그 안에 피할 나의 바위시요 나의 방패시요 나의 구원의 뿔이시요 나의 산성이시로다

3. 내가 찬송 받으실 여호와께 아뢰리니 내 원수들에게서 구원을 얻으리로다

30. 하나님의 도는 완전하고 여호와의 말씀은 순수하니 그는 자기에게 피하는 모든 자의 방패시로다

31. 여호와 외에 누가 하나님이며 우리 하나님 외에 누가 반석이냐

32. 이 하나님이 힘으로 내게 띠 띠우시며 내 길을 완전하게 하시며

33. 나의 발을 암사슴 발 같게 하시며 나를 나의 높은 곳에 세우시며

34. 내 손을 가르쳐 싸우게 하시니 내 팔이 놋 활을 당기도다

35. 또 주께서 주의 구원하는 방패를 내게 주시며 주의 오른손이 나를 붙들고 주의 온유함이 나를 크게 하셨나이다

36. 내 걸음을 넓게 하셨고 나를 실족하지 않게 하셨나이다

이해했어요☐ 재미있어요☐ 어려워요☐

18편 2절, 따라쓰면서 암송하기!

2. 여호와는 나의 반석이시요 나의 요새시요 나를 건지시는 이시요 나의 하나님이시요 내가 그 안에 피할 나의 바위시요 나의 방패시요 나의 구원의 뿔이시요 나의 산성이시로다

20편

다윗의 시, 인도자를 따라 부르는 노래

성소에서 너를 도와 주시고 ○○에서 너를 붙드시며

1. 환난 날에 여호와께서 네게 응답하시고 야곱의 하나님의 이름이 너를 높이 드시며

2. 성소에서 너를 도와 주시고 시온에서 너를 붙드시며

3. 네 모든 소제를 기억하시며 네 번제를 받아 주시기를 원하노라 (셀라)

4. 네 마음의 소원대로 허락하시고 네 모든 계획을 이루어 주시기를 원하노라

5. 우리가 너의 승리로 말미암아 개가를 부르며 우리 하나님의 이름으로 우리의 깃발을 세우리니 여호와께서 네 모든 기도를 이루어 주시기를 원하노라

6. 여호와께서 자기에게 기름 부음 받은 자를 구원하시는 줄 이제 내가 아노니 그의 오른손의 구원하는 힘으로 그의 거룩한 하늘에서 그에게 응답하시리로다

7. 어떤 사람은 병거, 어떤 사람은 말을 의지하나 우리는 여호와 우리 하나님의 이름을 자랑하리로다

8. 그들은 비틀거리며 엎드러지고 우리는 일어나 바로 서도다

9. 여호와여 왕을 구원하소서 우리가 부를 때에 우리에게 응답하소서

20편 7절, 따라쓰면서 암송하기!

7. 어떤 사람은 병거, 어떤 사람은 말을 의지하나 우리는
여호와 우리 하나님의 이름을 자랑하리로다

 **23편**

다윗의 시

1. 여호와는 나의 목자시니 내게 부족함이 없으리로다

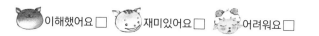

이해했어요☐   재미있어요☐   어려워요☐

2. 그가 나를 푸른 풀밭에 누이시며 쉴 만한 물 가로 인도하시는도다

3. 내 영혼을 소생시키시고 자기 이름을 위하여 의의 길로 인도하시는도다

4. 내가 사망의 음침한 골짜기로 다닐지라도 해를 두려워하지 않을 것은 주께서 나와 함께 하심이라 주의 지팡이와 막대기가 나를 안위하시나이다

5. 주께서 내 원수의 목전에서 내게 상을 차려 주시고 기름을 내 머리에 부으셨으니 내 잔이 넘치나이다

6. 내 평생에 선하심과 인자하심이 반드시 나를 따르리니 내가 여호와의 집에 영원히 살리로다

23편 1-2절, 따라쓰면서 암송하기!

17

25편

다윗의 시

14. 여호와의 친밀하심이 그를 경외하는 자들에게 있음이여 그의 언약을 그들에게 보이시리로다

15. 내 눈이 항상 여호와를 바라봄은 내 발을 그물에서 벗어나게 하실 것임이로다

16. 주여 나는 외롭고 괴로우니 내게 돌이키사 나에게 은혜를 베푸소서

17. 내 마음의 근심이 많사오니 나를 고난에서 끌어내소서

18. 나의 곤고와 환난을 보시고 내 모든 죄를 사하소서

19. 내 원수를 보소서 그들의 수가 많고 나를 심히 미워하나이다

20. 내 영혼을 지켜 나를 구원하소서 내가 주께 피하오니 수치를 당하지 않게 하소서

21. 내가 주를 바라오니 성실과 정직으로 나를 보호하소서

25편 15절, 따라쓰면서 암송하기!

15. 내 눈이 항상 여호와를 바라봄은 내 발을 그물에서
    벗어나게 하실 것임이로다

여호와는
나의 ◯이요
나의 구원이시니
내가 누구를
두려워하리요

 # 27편

다윗의 시

1. 여호와는 나의 빛이요 나의 구원이시니 내가 누구를 두려워하리요
   여호와는 내 생명의 능력이시니 내가 누구를 무서워하리요

2. 악인들이 내 살을 먹으려고 내게로 왔으나 나의 대적들, 나의 원수들인 그들은 실족하
   여 넘어졌도다

3. 군대가 나를 대적하여 진 칠지라도 내 마음이 두렵지 아니하며 전쟁이 일어나 나를 치
   려 할지라도 나는 여전히 태연하리로다

4. 내가 여호와께 바라는 한 가지 일 그것을 구하리니 곧 내가 내 평생에 여호와의 집에 살면서 여호와의 아름다움을 바라보며 그의 성전에서 사모하는 그것이라

5. 여호와께서 환난 날에 나를 그의 초막 속에 비밀히 지키시고 그의 장막 은밀한 곳에 나를 숨기시며 높은 바위 위에 두시리로다

27편 4절, 따라쓰면서 암송하기!

4. 내가 여호와께 바라는 한 가지 일 그것을 구하리니 곧 내가 내 평생에 여호와의 집에 살면서 여호와의 아름다움을 바라보며 그의 성전에서 사모하는 그것이라

 30편

다윗의 시, 곧 성전 낙성가

1. 여호와여 내가 주를 높일 것은 주께서 나를 끌어내사 내 원수로 하여금 나로 말미암아 기뻐하지 못하게 하심이니이다

2. 여호와 내 하나님이여 내가 주께 부르짖으매 나를 고치셨나이다

3. 여호와여 주께서 내 영혼을 스올에서 끌어내어 나를 살리사 무덤으로 내려가지 아니
   하게 하셨나이다

4. 주의 성도들아 여호와를 찬송하며 그의 거룩함을 기억하며 감사하라

5. 그의 노염은 잠깐이요 그의 은총은 평생이로다 저녁에는 울음이 깃들일지라도 아침에
   는 기쁨이 오리로다

6. 내가 형통할 때에 말하기를 영원히 흔들리지 아니하리라 하였도다

7. 여호와여 주의 은혜로 나를 산 같이 굳게 세우셨더니 주의 얼굴을 가리시매 내가 근심
   하였나이다

8. 여호와여 내가 주께 부르짖고 여호와께 간구하기를

9. 내가 무덤에 내려갈 때에 나의 피가 무슨 유익이 있으리요 진토가 어떻게 주를 찬송하
   며 주의 진리를 선포하리이까

10. 여호와여 들으시고 내게 은혜를 베푸소서 여호와여 나를 돕는 자가 되소서 하였나
    이다

11. 주께서 나의 슬픔이 변하여 내게 춤이 되게 하시며 나의 베옷을 벗기고 기쁨으로
    띠 띠우셨나이다

12. 이는 잠잠하지 아니하고 내 영광으로 주를 찬송하게 하심이니 여호와 나의 하나
    님이여 내가 주께 영원히 감사하리이다

30편 11절, 따라쓰면서 암송하기!

11. 주께서 나의 슬픔이 변하여 내게 춤이 되게 하시며
    나의 베옷을 벗기고 기쁨으로 띠 띠우셨나이다

32편

다윗의 마스길

1. 허물의 사함을 받고 자신의 죄가 가려진 자는 복이 있도다

2. 마음에 간사함이 없고 여호와께 정죄를 당하지 아니하는 자는 복이 있도다

3. 내가 입을 열지 아니할 때에 종일 신음하므로 내 뼈가 쇠하였도다

4. 주의 손이 주야로 나를 누르시오니 내 진액이 빠져서 여름 가뭄에 마름 같이 되었나이다 (셀라)

5. 내가 이르기를 내 허물을 여호와께 자복하리라 하고 주께 내 죄를 아뢰고 내 죄악을 숨기지 아니하였더니 곧 주께서 내 죄악을 사하셨나이다 (셀라)

6. 이로 말미암아 모든 경건한 자는 주를 만날 기회를 얻어서 주께 기도할지라 진실로 홍수가 범람할지라도 그에게 미치지 못하리이다

7. 주는 나의 은신처이오니 환난에서 나를 보호하시고 구원의 노래로 나를 두르시리이다 (셀라)

주는 나의
○○○이오니
환난에서 나를
보호하시고

34편

다윗이 아비멜렉 앞에서 미친 체하다가 쫓겨나서 지은 시

1. 내가 여호와를 항상 송축함이여 내 입술로 항상 주를 찬양하리이다

2. 내 영혼이 여호와를 자랑하리니 곤고한 자들이 이를 듣고 기뻐하리로다

3. 나와 함께 여호와를 광대하시다 하며 함께 그의 이름을 높이세

4. 내가 여호와께 간구하매 내게 응답하시고 내 모든 두려움에서 나를 건지셨도다

5. 그들이 주를 앙망하고 광채를 내었으니 그들의 얼굴은 부끄럽지 아니하리로다

6. 이 곤고한 자가 부르짖으매 여호와께서 들으시고 그의 모든 환난에서 구원하셨도다

7. 여호와의 천사가 주를 경외하는 자를 둘러 진 치고 그들을 건지시는도다

8. 너희는 여호와의 선하심을 맛보아 알지어다 그에게 피하는 자는 복이 있도다

9. 너희 성도들아 여호와를 경외하라 그를 경외하는 자에게는 부족함이 없도다

10. 젊은 사자는 궁핍하여 주릴지라도 여호와를 찾는 자는 모든 좋은 것에 부족함이 없으리로다

34편 8절, 따라쓰면서 암송하기!

8. 너희는 여호와의 선하심을 맛보아 알지어다 그에게 피하는 자는 복이 있도다

39편

다윗의 시, 인도자를 따라 여두둔 형식으로 부르는 노래

7. 주여 이제 내가 무엇을 바라리요 나의 소망은 주께 있나이다

8. 나를 모든 죄에서 건지시며 우매한 자에게서 욕을 당하지 아니하게 하소서

9. 내가 잠잠하고 입을 열지 아니함은 주께서 이를 행하신 까닭이니이다

10. 주의 징벌을 나에게서 옮기소서 주의 손이 치심으로 내가 쇠망하였나이다

11. 주께서 죄악을 책망하사 사람을 징계하실 때에 그 영화를 좀먹음 같이 소멸하게 하시니 참으로 인생이란 모두 헛될 뿐이니이다 (셀라)

12. 여호와여 나의 기도를 들으시며 나의 부르짖음에 귀를 기울이소서 내가 눈물 흘릴 때에 잠잠하지 마옵소서 나는 주와 함께 있는 나그네이며 나의 모든 조상들처럼 떠도나이다

13. 주는 나를 용서하사 내가 떠나 없어지기 전에 나의 건강을 회복시키소서

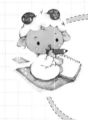

39편 7절, 따라쓰면서 암송하기!

7. 주여 이제 내가 무엇을 바라리요
   나의 소망은 주께 있나이다

40편

다윗의 시, 인도자를 따라 부르는 노래

1 내가 여호와를 기다리고 기다렸더니 귀를 기울이사 나의 부르짖음을 들으셨도다

2. 나를 기가 막힐 웅덩이와 수렁에서 끌어올리시고 내 발을 반석 위에 두사 내 걸음을 견고하게 하셨도다

3. 새 노래 곧 우리 하나님께 올릴 찬송을 내 입에 두셨으니 많은 사람이 보고 두려워하여 여호와를 의지하리로다

4. 여호와를 의지하고 교만한 자와 거짓에 치우치는 자를 돌아보지 아니하는 자는 복이 있도다

5. 여호와 나의 하나님이여 주께서 행하신 기적이 많고 우리를 향하신 주의 생각도 많아 누구도 주와 견줄 수가 없나이다 내가 널리 알려 말하고자 하나 너무 많아 그 수를 셀 수도 없나이다

40편 2절, 따라쓰면서 암송하기!

2. 나를 기가 막힐 웅덩이와 수렁에서 끌어올리시고 내 발을 반석 위에 두사 내 걸음을 견고하게 하셨도다

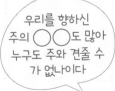
우리를 향하신 주의 ○○도 많아 누구도 주와 견줄 수가 없나이다

27

42편

고라 자손의 마스길, 인도자를 따라 부르는 노래

1. 하나님이여 사슴이 시냇물을 찾기에 갈급함 같이 내 영혼이 주를 찾기에 갈급하니이다

2. 내 영혼이 하나님 곧 살아 계시는 하나님을 갈망하나니 내가 어느 때에 나아가서 하나님의 얼굴을 뵈올까

3. 사람들이 종일 내게 하는 말이 네 하나님이 어디 있느뇨 하오니 내 눈물이 주야로 내 음식이 되었도다

4. 내가 전에 성일을 지키는 무리와 동행하여 기쁨과 감사의 소리를 내며 그들을 하나님의 집으로 인도하였더니 이제 이 일을 기억하고 내 마음이 상하는도다

5. 내 영혼아 네가 어찌하여 낙심하며 어찌하여 내 속에서 불안해 하는가 너는 하나님께 소망을 두라 그가 나타나 도우심으로 말미암아 내가 여전히 찬송하리로다

42편 5절, 따라쓰면서 암송하기!

5. 내 영혼아 네가 어찌하여 낙심하며 어찌하여 내 속에서 불안해 하는가 너는 하나님께 소망을 두라 그가 나타나 도우심으로 말미암아 내가 여전히 찬송하리로다

 **46편**

고라 자손의 시, 인도자를 따라 알라못에 맞춘 노래

1. 하나님은 우리의 피난처시요 힘이시니 환난 중에 만날 큰 도움이시라

2. 그러므로 땅이 변하든지 산이 흔들려 바다 가운데에 빠지든지

3. 바닷물이 솟아나고 뛰놀든지 그것이 넘침으로 산이 흔들릴지라도 우리는 두려워하지 아니하리로다 (셀라)

4. 한 시내가 있어 나뉘어 흘러 하나님의 성 곧 지존하신 이의 성소를 기쁘게 하도다

5. 하나님이 그 성 중에 계시매 성이 흔들리지 아니할 것이라 새벽에 하나님이 도우시리로다

46편 1절, 따라쓰면서 암송하기!

1. 하나님은 우리의 피난처시요 힘이시니 환난 중에 만날 큰 도움이시라

53편

다윗의 마스길, 인도자를 따라 마할랏에 맞춘 노래

1. 어리석은 자는 그의 마음에 이르기를 하나님이 없다 하도다 그들은 부패하며 가증한 악을 행함이여 선을 행하는 자가 없도다

2. 하나님이 하늘에서 인생을 굽어살피사 지각이 있는 자와 하나님을 찾는 자가 있는가 보려 하신즉

3. 각기 물러가 함께 더러운 자가 되고 선을 행하는 자 없으니 한 사람도 없도다

4. 죄악을 행하는 자들은 무지하냐 그들이 떡 먹듯이 내 백성을 먹으면서 하나님을 부르지 아니하는도다

5. 그들이 두려움이 없는 곳에서 크게 두려워하였으니 너를 대항하여 진 친 그들의 뼈를 하나님이 흩으심이라 하나님이 그들을 버리셨으므로 네가 그들에게 수치를 당하게 하였도다

6. 시온에서 이스라엘을 구원하여 줄 자 누구인가 하나님이 자기 백성의 포로된 것을 돌이키실 때에 야곱이 즐거워하며 이스라엘이 기뻐하리로다

53편 1절, 따라쓰면서 암송하기!

1. 어리석은 자는 그의 마음에 이르기를 하나님이 없다
   하도다 그들은 부패하며 가증한 악을 행함이여
   선을 행하는 자가 없도다

 # 57편

다윗의 믹담 시, 인도자를 따라 알다스헷에 맞춘 노래, 다윗이 사울을 피하여 굴에 있던 때에

1. 하나님이여 내게 은혜를 베푸소서 내게 은혜를 베푸소서 내 영혼이 주께로 피하되 주의
   날개 그늘 아래에서 이 재앙들이 지나기까지 피하리이다

2. 내가 지존하신 하나님께 부르짖음이여 곧 나를 위하여 모든 것을 이루시는 하나님께
   로다

3. 그가 하늘에서 보내사 나를 삼키려는 자의 비방에서 나를 구원하실지라 (셀라) 하나님
   이 그의 인자와 진리를 보내시리로다

4. 내 영혼이 사자들 가운데에서 살며 내가 불사르는 자들 중에 누웠으니 곧 사람의 아들들 중에라 그들의 이는 창과 화살이요 그들의 혀는 날카로운 칼 같도다

5. 하나님이여 주는 하늘 위에 높이 들리시며 주의 영광이 온 세계 위에 높아지기를 원하나이다

6. 그들이 내 걸음을 막으려고 그물을 준비하였으니 내 영혼이 억울하도다 그들이 내 앞에 웅덩이를 팠으나 자기들이 그 중에 빠졌도다 (셀라)

7. 하나님이여 내 마음이 확정되었고 내 마음이 확정되었사오니 내가 노래하고 내가 찬송하리이다

8. 내 영광아 깰지어다 비파야, 수금아, 깰지어다 내가 새벽을 깨우리로다

9. 주여 내가 만민 중에서 주께 감사하오며 뭇 나라 중에서 주를 찬송하리이다

10. 무릇 주의 인자는 커서 하늘에 미치고 주의 진리는 궁창에 이르나이다

11. 하나님이여 주는 하늘 위에 높이 들리시며 주의 영광이 온 세계 위에 높아지기를 원하나이다

57편 7절, 따라쓰면서 암송하기!

7. 하나님이여 내 마음이 확정되었고 내 마음이 확정되었
사오니 내가 노래하고 내가 찬송하리이다

 62편

다윗의 시, 인도자를 따라 여두둔의 법칙에 따라 부르는 노래

1. 나의 영혼이 잠잠히 하나님만 바람이여 나의 구원이 그에게서 나오는도다

2. 오직 그만이 나의 반석이시요 나의 구원이시요 나의 요새이시니 내가
   크게 흔들리지 아니하리로다

나의 ◯◯이 잠잠히 하나님만 바람이여

3. 넘어지는 담과 흔들리는 울타리 같이 사람을 죽이려고 너희가 일제히
   공격하기를 언제까지 하려느냐

4. 그들이 그를 그의 높은 자리에서 떨어뜨리기만 꾀하고 거짓을 즐겨 하니 입으로는 축복
   이요 속으로는 저주로다 (셀라)

5. 나의 영혼아 잠잠히 하나님만 바라라 무릇 나의 소망이 그로부터 나오는도다

6. 오직 그만이 나의 반석이시요 나의 구원이시요 나의 요새이시니 내가 흔들리지 아니
   하리로다

7. 나의 구원과 영광이 하나님께 있음이여 내 힘의 반석과 피난처도 하나님께 있도다

62편 6절, 따라쓰면서 암송하기!

6. 오직 그만이 나의 반석이시요 나의 구원이시요
   나의 요새이시니 내가 흔들리지 아니하리로다

 **63편**

다윗의 시, 유다 광야에 있을 때에

1. 하나님이여 주는 나의 하나님이시라 내가 간절히 주를 찾되 물이 없어 마르고 황폐한 땅에서 내 영혼이 주를 갈망하며 내 육체가 주를 앙모하나이다

2. 내가 주의 권능과 영광을 보기 위하여 이와 같이 성소에서 주를 바라보았나이다

3. 주의 인자하심이 생명보다 나으므로 내 입술이 주를 찬양할 것이라

4. 이러므로 나의 평생에 주를 송축하며 주의 이름으로 말미암아 나의 손을 들리이다

5. 골수와 기름진 것을 먹음과 같이 나의 영혼이 만족할 것이라 나의 입이 기쁜 입술로 주를 찬송하되

6. 내가 나의 침상에서 주를 기억하며 새벽에 주의 말씀을 작은 소리로 읊조릴 때에 하오리니

7. 주는 나의 도움이 되셨음이라 내가 주의 날개 그늘에서 즐겁게 부르리이다

8. 나의 영혼이 주를 가까이 따르니 주의 오른손이 나를 붙드시거니와

63편 7절, 따라쓰면서 암송하기!

7. 주는 나의 도움이 되셨음이라 내가 주의 날개 그늘에서 즐겁게 부르리이다

71편

1. 여호와여 내가 주께 피하오니 내가 영원히 수치를 당하게 하지 마소서

2. 주의 의로 나를 건지시며 나를 풀어 주시며 주의 귀를 내게 기울이사 나를 구원하소서

3. 주는 내가 항상 피하여 숨을 바위가 되소서 주께서 나를 구원하라 명령하셨으니 이는 주께서 나의 반석이시요 나의 요새이심이니이다

4. 나의 하나님이여 나를 악인의 손 곧 불의한 자와 흉악한 자의 장중에서 피하게 하소서

5. 주 여호와여 주는 나의 소망이시요 내가 어릴 때부터 신뢰한 이시라

6. 내가 모태에서부터 주를 의지하였으며 나의 어머니의 배에서부터 주께서 나를 택하셨 사오니 나는 항상 주를 찬송하리이다

7. 나는 무리에게 이상한 징조 같이 되었사오나 주는 나의 견고한 피난처시오니

8. 주를 찬송함과 주께 영광 돌림이 종일토록 내 입에 가득하리이다

9. 늙을 때에 나를 버리지 마시며 내 힘이 쇠약할 때에 나를 떠나지 마소서

10. 내 원수들이 내게 대하여 말하며 내 영혼을 엿보는 자들이 서로 꾀하여

11. 이르기를 하나님이 그를 버리셨은즉 따라 잡으라 건질 자가 없다 하오니

12. 하나님이여 나를 멀리 하지 마소서 나의 하나님이여 속히 나를 도우소서

13. 내 영혼을 대적하는 자들이 수치와 멸망을 당하게 하시며 나를 모해하려 하는 자들에 게는 욕과 수욕이 덮이게 하소서

14. 나는 항상 소망을 품고 주를 더욱더욱 찬송하리이다

71편 12절, 따라쓰면서 암송하기!

12. 하나님이여 나를 멀리 하지 마소서 나의 하나님이여
속히 나를 도우소서

 81편

아삽의 시, 인도자를 따라 깃딧에 맞춘 노래

우리의 ○○이 되시는 하나님을 향하여 기쁘게 노래하며

1. 우리의 능력이 되시는 하나님을 향하여 기쁘게 노래하며 야곱의 하나님을
향하여 즐거이 소리칠지어다

2. 시를 읊으며 소고를 치고 아름다운 수금에 비파를 아우를지어다

3. 초하루와 보름과 우리의 명절에 나팔을 불지어다

4. 이는 이스라엘의 율례요 야곱의 하나님의 규례로다

5. 하나님이 애굽 땅을 치러 나아가시던 때에 요셉의 족속 중에 이를 증거로 세우셨도다 거기서 내가 알지 못하던 말씀을 들었나니

6. 이르시되 내가 그의 어깨에서 짐을 벗기고 그의 손에서 광주리를 놓게 하였도다

7. 네가 고난 중에 부르짖으매 내가 너를 건졌고 우렛소리의 은밀한 곳에서 네게 응답하며 므리바 물 가에서 너를 시험하였도다 (셀라)

8. 내 백성이여 들으라 내가 네게 증언하리라 이스라엘이여 내게 듣기를 원하노라

9. 너희 중에 다른 신을 두지 말며 이방 신에게 절하지 말지어다

10. 나는 너를 애굽 땅에서 인도하여 낸 여호와 네 하나님이니 네 입을 크게 열라 내가 채우리라 하였으나

81편 10절, 따라쓰면서 암송하기!

10. 나는 너를 애굽 땅에서 인도하여 낸 여호와 네 하나님
이니 네 입을 크게 열라 내가 채우리라 하였으나

84편

고라 자손의 시, 인도자를 따라 깃딧에 맞춘 노래

1. 만군의 여호와여 주의 장막이 어찌 그리 사랑스러운지요

2. 내 영혼이 여호와의 궁정을 사모하여 쇠약함이여 내 마음과 육체가 살아 계시는 하나님께 부르짖나이다

3. 나의 왕, 나의 하나님, 만군의 여호와여 주의 제단에서 참새도 제 집을 얻고 제비도 새끼 둘 보금자리를 얻었나이다

4. 주의 집에 사는 자들은 복이 있나니 그들이 항상 주를 찬송하리이다 (셀라)

5. 주께 힘을 얻고 그 마음에 시온의 대로가 있는 자는 복이 있나이다

6. 그들이 눈물 골짜기로 지나갈 때에 그 곳에 많은 샘이 있을 것이며 이른 비가 복을 채워 주나이다

7. 그들은 힘을 얻고 더 얻어 나아가 시온에서 하나님 앞에 각기 나타나리이다

8. 만군의 하나님 여호와여 내 기도를 들으소서 야곱의 하나님이여 귀를 기울이소서 (셀라)

9. 우리 방패이신 하나님이여 주께서 기름 부으신 자의 얼굴을 살펴 보옵소서

10. 주의 궁정에서의 한 날이 다른 곳에서의 천 날보다 나은즉 악인의 장막에 사는 것보다 내 하나님의 성전 문지기로 있는 것이 좋사오니

11. 여호와 하나님은 해요 방패이시라 여호와께서 은혜와 영화를 주시며 정직하게 행하는 자에게 좋은 것을 아끼지 아니하실 것임이니이다

12. 만군의 여호와여 주께 의지하는 자는 복이 있나이다

84편 5절, 따라쓰면서 암송하기!

5. 주께 힘을 얻고 그 마음에 시온의 대로가 있는 자는 복이 있나이다

 **90편**

하나님의 사람 모세의 기도

1. 주여 주는 대대에 우리의 거처가 되셨나이다

2. 산이 생기기 전, 땅과 세계도 주께서 조성하시기 전 곧 영원부터 영원까지 주는 하나님이시니이다

3. 주께서 사람을 티끌로 돌아가게 하시고 말씀하시기를 너희 인생들은 돌아가라 하셨사오니

4. 주의 목전에는 천 년이 지나간 어제 같으며 밤의 한 순간 같을 뿐임이니이다

5. 주께서 그들을 홍수처럼 쓸어가시나이다 그들은 잠깐 자는 것 같으며 아침에 돋는 풀 같으니이다

6. 풀은 아침에 꽃이 피어 자라다가 저녁에는 시들어 마르나이다

7. 우리는 주의 노에 소멸되며 주의 분내심에 놀라나이다

8. 주께서 우리의 죄악을 주의 앞에 놓으시며 우리의 은밀한 죄를 주의 얼굴 빛 가운데에 두셨사오니

9. 우리의 모든 날이 주의 분노 중에 지나가며 우리의 평생이 순식간에 다하였나이다

10. 우리의 연수가 칠십이요 강건하면 팔십이라도 그 연수의 자랑은 수고와 슬픔뿐이요 신속히 가니 우리가 날아가나이다

11. 누가 주의 노여움의 능력을 알며 누가 주의 진노의 두려움을 알리이까

12. 우리에게 우리 날 계수함을 가르치사 지혜로운 마음을 얻게 하소서

13. 여호와여 돌아오소서 언제까지니이까 주의 종들을 불쌍히 여기소서

14. 아침에 주의 인자하심이 우리를 만족하게 하사 우리를 일생 동안 즐겁고 기쁘게 하소서

15. 우리를 괴롭게 하신 날수대로와 우리가 화를 당한 연수대로 우리를 기쁘게 하소서

16. 주께서 행하신 일을 주의 종들에게 나타내시며 주의 영광을 그들의 자손에게 나
    타내소서

17. 주 우리 하나님의 은총을 우리에게 내리게 하사 우리의 손이 행한 일을 우리에게
    견고하게 하소서 우리의 손이 행한 일을 견고하게 하소서

90편 12절, 따라쓰면서 암송하기!

12. 우리에게 우리 날 계수함을 가르치사 지혜로운 마음을
    얻게 하소서

**93편**

1. 여호와께서 다스리시니 스스로 권위를 입으셨도다 여호와께서 능력의 옷을 입으시
   며 띠를 띠셨으므로 세계도 견고히 서서 흔들리지 아니하는도다

2. 주의 보좌는 예로부터 견고히 섰으며 주는 영원부터 계셨나이다

이해했어요☐   재미있어요☐   어려워요☐

3. 여호와여 큰 물이 소리를 높였고 큰 물이 그 소리를 높였으니 큰 물이 그 물결을 높이나 이다

4. 높이 계신 여호와의 능력은 많은 물 소리와 바다의 큰 파도보다 크니이다

5. 여호와여 주의 증거들이 매우 확실하고 거룩함이 주의 집에 합당하니 여호와는 영원 무궁하시리이다

93편 5절, 따라쓰면서 암송하기!

5. 여호와여 주의 증거들이 매우 확실하고 거룩함이
주의 집에 합당하니 여호와는 영원무궁하시리이다

98편

시

1. 새 노래로 여호와께 찬송하라 그는 기이한 일을 행하사 그의 오른손과 거룩한 팔로 자 기를 위하여 구원을 베푸셨음이로다

2. 여호와께서 그의 구원을 알게 하시며 그의 공의를 뭇 나라의 목전에서 명백히 나타
   내셨도다

3. 그가 이스라엘의 집에 베푸신 인자와 성실을 기억하셨으므로 땅 끝까지 이르는 모
   든 것이 우리 하나님의 구원을 보았도다

4. 온 땅이여 여호와께 즐거이 소리칠지어다 소리 내어 즐겁게 노래하며 찬송할지어다

5. 수금으로 여호와를 노래하라 수금과 음성으로 노래할지어다

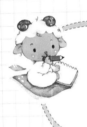

98편 1절, 따라쓰면서 암송하기!

1. 새 노래로 여호와께 찬송하라 그는 기이한 일을 행하사
   그의 오른손과 거룩한 팔로 자기를 위하여 구원을 배푸
   셨음이로다

101편

다윗의 시

1. 내가 인자와 정의를 노래하겠나이다 여호와여 내가 주께 찬양하리이다

2. 내가 완전한 길을 주목하오리니 주께서 어느 때나 내게 임하시겠나이까 내가 완전한 마음으로 내 집 안에서 행하리이다

3. 나는 비천한 것을 내 눈 앞에 두지 아니할 것이요 배교자들의 행위를 내가 미워하오리니 나는 그 어느 것도 붙들지 아니하리이다

4. 사악한 마음이 내게서 떠날 것이니 악한 일을 내가 알지 아니하리로다

5. 자기의 이웃을 은근히 헐뜯는 자를 내가 멸할 것이요 눈이 높고 마음이 교만한 자를 내가 용납하지 아니하리로다

6. 내 눈이 이 땅의 충성된 자를 살펴 나와 함께 살게 하리니 완전한 길에 행하는 자가 나를 따르리로다

7. 거짓을 행하는 자는 내 집 안에 거주하지 못하며 거짓말하는 자는 내 목전에 서지
   못하리로다

101편 5절, 따라쓰면서 암송하기!

5. 자기의 이웃을 은근히 헐뜯는 자를 내가 멸할 것이요
   눈이 높고 마음이 교만한 자를 내가 용납하지 아니하
   리로다

**103편**

다윗의 시

1. 내 영혼아 여호와를 송축하라 내 속에 있는 것들아 다 그의 거룩한 이름을 송축하라

2. 내 영혼아 여호와를 송축하며 그의 모든 은택을 잊지 말지어다

3. 그가 네 모든 죄악을 사하시며 네 모든 병을 고치시며

4. 네 생명을 파멸에서 속량하시고 인자와 긍휼로 관을 씌우시며

5. 좋은 것으로 네 소원을 만족하게 하사 네 청춘을 독수리 같이 새롭게 하시는도다

6. 여호와께서 공의로운 일을 행하시며 억압 당하는 모든 자를 위하여 심판하시는도다

7. 그의 행위를 모세에게, 그의 행사를 이스라엘 자손에게 알리셨도다

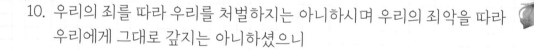
그를 ○○하는
자에게 그의 인자하
심이 크심이로다

8. 여호와는 긍휼이 많으시고 은혜로우시며 노하기를 더디 하시고 인자하심이
    풍부하시도다

9. 자주 경책하지 아니하시며 노를 영원히 품지 아니하시리로다

10. 우리의 죄를 따라 우리를 처벌하지는 아니하시며 우리의 죄악을 따라
     우리에게 그대로 갚지는 아니하셨으니

11. 이는 하늘이 땅에서 높음 같이 그를 경외하는 자에게 그의 인자하심이 크심이로다

12. 동이 서에서 먼 것 같이 우리의 죄과를 우리에게서 멀리 옮기셨으며

13. 아버지가 자식을 긍휼히 여김 같이 여호와께서는 자기를 경외하는 자를 긍휼히 여기시나니

14. 이는 그가 우리의 체질을 아시며 우리가 단지 먼지뿐임을 기억하심이로다

15. 인생은 그 날이 풀과 같으며 그 영화가 들의 꽃과 같도다

16. 그것은 바람이 지나가면 없어지나니 그 있던 자리도 다시 알지 못하거니와

17. 여호와의 인자하심은 자기를 경외하는 자에게 영원부터 영원까지 이르며 그의 의는 자손의 자손에게 이르리니

18. 곧 그의 언약을 지키고 그의 법도를 기억하여 행하는 자에게로다

19. 여호와께서 그의 보좌를 하늘에 세우시고 그의 왕권으로 만유를 다스리시도다

20. 능력이 있어 여호와의 말씀을 행하며 그의 말씀의 소리를 듣는 여호와의 천사들이여 여호와를 송축하라

21. 그에게 수종들며 그의 뜻을 행하는 모든 천군이여 여호와를 송축하라

22. 여호와의 지으심을 받고 그가 다스리시는 모든 곳에 있는 너희여 여호와를 송축하라 내 영혼아 여호와를 송축하라

103편 5, 17절 따라쓰면서 암송하기!

5. 좋은 것으로 네 소원을 만족하게 하사 네 청춘을 독수리 같이 새롭게 하시는도다

17. 여호와의 인자하심은 자기를 경외하는 자에게 영원부터 영원까지 이르며 그의 의는 자손의 자손에게 이르리니

너희여 여호와를
○○하라
내 영혼아 여호와를
송축하라

110편

다윗의 시

1. 여호와께서 내 주에게 말씀하시기를 내가 네 원수들로 네 발판이 되게 하기까지 너는 내 오른쪽에 앉아 있으라 하셨도다

2. 여호와께서 시온에서부터 주의 권능의 규를 내보내시리니 주는 원수들 중에서 다스리소서

3. 주의 권능의 날에 주의 백성이 거룩한 옷을 입고 즐거이 헌신하니 새벽 이슬 같은 주의 청년들이 주께 나오는도다

4. 여호와는 맹세하고 변하지 아니하시리라 이르시기를 너는 멜기세덱의 서열을 따라 영원한 제사장이라 하셨도다

5. 주의 오른쪽에 계신 주께서 그의 노하시는 날에 왕들을 쳐서 깨뜨리실 것이라

6. 뭇 나라를 심판하여 시체로 가득하게 하시고 여러 나라의 머리를 쳐서 깨뜨리시며

7. 길 가의 시냇물을 마시므로 그의 머리를 드시리로다

이해했어요 □   재미있어요 □   어려워요 □

113편

1. 할렐루야, 여호와의 종들아 찬양하라 여호와의 이름을 찬양하라

2. 이제부터 영원까지 여호와의 이름을 찬송할지로다

3. 해 돋는 데에서부터 해 지는 데에까지 여호와의 이름이 찬양을 받으시리로다

4. 여호와는 모든 나라보다 높으시며 그의 영광은 하늘보다 높으시도다

5. 여호와 우리 하나님과 같은 이가 누구리요 높은 곳에 앉으셨으나

6. 스스로 낮추사 천지를 살피시고

7. 가난한 자를 먼지 더미에서 일으키시며 궁핍한 자를 거름 더미에서 들어 세워

8. 지도자들 곧 그의 백성의 지도자들과 함께 세우시며

9. 또 임신하지 못하던 여자를 집에 살게 하사 자녀들을 즐겁게 하는 어머니가 되게
하시는도다 할렐루야

113편 3절, 따라쓰면서 암송하기!

3. 해 돋는 데에서부터 해 지는 데에까지 여호와의 이름이
찬양을 받으시리로다

115편

1. 여호와여 영광을 우리에게 돌리지 마옵소서 우리에게 돌리지 마옵소서 오직 주는 인
자하시고 진실하시므로 주의 이름에만 영광을 돌리소서

2. 어찌하여 뭇 나라가 그들의 하나님이 이제 어디 있느냐 말하게 하리이까

3. 오직 우리 하나님은 하늘에 계셔서 원하시는 모든 것을 행하셨나이다

4. 그들의 우상들은 은과 금이요 사람이 손으로 만든 것이라

5. 입이 있어도 말하지 못하며 눈이 있어도 보지 못하며

6. 귀가 있어도 듣지 못하며 코가 있어도 냄새 맡지 못하며

7. 손이 있어도 만지지 못하며 발이 있어도 걷지 못하며 목구멍이 있어도 작은 소리조차
    내지 못하느니라

8. 우상들을 만드는 자들과 그것을 의지하는 자들이 다 그와 같으리로다

9. 이스라엘아 여호와를 의지하라 그는 너희의 도움이시요 너희의 방패시로다

10. 아론의 집이여 여호와를 의지하라 그는 너희의 도움이시요 너희의 방패시로다

11. 여호와를 경외하는 자들아 너희는 여호와를 의지하여라 그는 너희의 도움이시요 너희
    의 방패시로다

12. 여호와께서 우리를 생각하사 복을 주시되 이스라엘 집에도 복을 주시고 아론의 집에
    도 복을 주시며

13. 높은 사람이나 낮은 사람을 막론하고 여호와를 경외하는 자들에게 복을 주시리로다

14. 여호와께서 너희를 곧 너희와 너희의 자손을 더욱 번창하게 하시기를 원하노라

15. 너희는 천지를 지으신 여호와께 복을 받는 자로다

16. 하늘은 여호와의 하늘이라도 땅은 사람에게 주셨도다

17. 죽은 자들은 여호와를 찬양하지 못하나니 적막한 데로 내려가는 자들은 아무도 찬양하지 못하리로다

18. 우리는 이제부터 영원까지 여호와를 송축하리로다 할렐루야

115편 11절, 따라쓰면서 암송하기!

11. 여호와를 경외하는 자들아 너희는 여호와를 의지하여라
그는 너희의 도움이시요 너희의 방패시로다

 **118편**

1. 여호와께 감사하라 그는 선하시며 그의 인자하심이 영원함이로다

2. 이제 이스라엘은 말하기를 그의 인자하심이 영원하다 할지로다

3. 이제 아론의 집은 말하기를 그의 인자하심이 영원하다 할지로다

4. 이제 여호와를 경외하는 자는 말하기를 그의 인자하심이 영원하다 할지로다

5. 내가 고통 중에 여호와께 부르짖었더니 여호와께서 응답하시고 나를 넓은 곳에 세우셨도다

6. 여호와는 내 편이시라 내가 두려워하지 아니하리니 사람이 내게 어찌할까

7. 여호와께서 내 편이 되사 나를 돕는 자들 중에 계시니 그러므로 나를 미워하는 자들에게 보응하시는 것을 내가 보리로다

여호와께 피하는 것이 사람을 ○○ 하는 것보다 나으며

8. 여호와께 피하는 것이 사람을 신뢰하는 것보다 나으며

57

9. 여호와께 피하는 것이 고관들을 신뢰하는 것보다 낫도다

16. 여호와의 오른손이 높이 들렸으며 여호와의 오른손이 권능을 베푸시는도다

20. 이는 여호와의 문이라 의인들이 그리로 들어가리로다

21. 주께서 내게 응답하시고 나의 구원이 되셨으니 내가 주께 감사하리이다

22. 건축자가 버린 돌이 집 모퉁이의 머릿돌이 되었나니

23. 이는 여호와께서 행하신 것이요 우리 눈에 기이한 바로다

24. 이 날은 여호와께서 정하신 것이라 이 날에 우리가 즐거워하고 기뻐하리로다

118편 1절, 따라쓰면서 암송하기!

1. 여호와께 감사하라 그는 선하시며 그의 인자하심이
   영원함이로다

119편

1. 행위가 온전하여 여호와의 율법을 따라 행하는 자들은 복이 있음이여

2. 여호와의 증거들을 지키고 전심으로 여호와를 구하는 자는 복이 있도다

> 내 길을 굳게 정하사 주의 ○○를 지키게 하소서

3. 참으로 그들은 불의를 행하지 아니하고 주의 도를 행하는도다

4. 주께서 명령하사 주의 법도를 잘 지키게 하셨나이다

5. 내 길을 굳게 정하사 주의 율례를 지키게 하소서

6. 내가 주의 모든 계명에 주의할 때에는 부끄럽지 아니하리이다

7. 내가 주의 의로운 판단을 배울 때에는 정직한 마음으로 주께 감사하리이다

8. 내가 주의 율례들을 지키오리니 나를 아주 버리지 마옵소서

9. 청년이 무엇으로 그의 행실을 깨끗하게 하리이까 주의 말씀만 지킬 따름이니이다

이해했어요☐ 재미있어요☐ 어려워요☐

10. 내가 전심으로 주를 찾았사오니 주의 계명에서 떠나지 말게 하소서

11. 내가 주께 범죄하지 아니하려 하여 주의 말씀을 내 마음에 두었나이다

12. 찬송을 받으실 주 여호와여 주의 율례들을 내게 가르치소서

13. 주의 입의 모든 규례들을 나의 입술로 선포하였으며

14. 내가 모든 재물을 즐거워함 같이 주의 증거들의 도를 즐거워하였나이다

15. 내가 주의 법도들을 작은 소리로 읊조리며 주의 길들에 주의하며

16. 주의 율례들을 즐거워하며 주의 말씀을 잊지 아니하리이다

17. 주의 종을 후대하여 살게 하소서 그리하시면 주의 말씀을 지키리이다

18. 내 눈을 열어서 주의 율법에서 놀라운 것을 보게 하소서

19. 나는 땅에서 나그네가 되었사오니 주의 계명들을 내게 숨기지 마소서

20. 주의 규례들을 항상 사모함으로 내 마음이 상하나이다

21. 교만하여 저주를 받으며 주의 계명들에서 떠나는 자들을 주께서 꾸짖으셨나이다

22. 내가 주의 교훈들을 지켰사오니 비방과 멸시를 내게서 떠나게 하소서

23. 고관들도 앉아서 나를 비방하였사오나 주의 종은 주의 율례들을 작은 소리로 읊조렸나이다

24. 주의 증거들은 나의 즐거움이요 나의 충고자니이다

25. 내 영혼이 진토에 붙었사오니 주의 말씀대로 나를 살아나게 하소서

26. 내가 나의 행위를 아뢰매 주께서 내게 응답하셨사오니 주의 율례들을 내게 가르치소서

27. 나에게 주의 법도들의 길을 깨닫게 하여 주소서 그리하시면 내가 주의 기이한 일들을 작은 소리로 읊조리리이다

28. 나의 영혼이 눌림으로 말미암아 녹사오니 주의 말씀대로 나를 세우소서

29. 거짓 행위를 내게서 떠나게 하시고 주의 법을 내게 은혜로이 베푸소서

30. 내가 성실한 길을 택하고 주의 규례들을 내 앞에 두었나이다

31. 내가 주의 증거들에 매달렸사오니 여호와여 내가 수치를 당하지 말게 하소서

32. 주께서 내 마음을 넓히시면 내가 주의 계명들의 길로 달려가리이다

33. 여호와여 주의 율례들의 도를 내게 가르치소서 내가 끝까지 지키리이다

34. 나로 하여금 깨닫게 하여 주소서 내가 주의 법을 준행하며 전심으로 지키리이다

35. 나로 하여금 주의 계명들의 길로 행하게 하소서 내가 이를 즐거워함이니이다

36. 내 마음을 주의 증거들에게 향하게 하시고 탐욕으로 향하지 말게 하소서

37. 내 눈을 돌이켜 허탄한 것을 보지 말게 하시고 주의 길에서 나를 살아나게 하소서

38. 주를 경외하게 하는 주의 말씀을 주의 종에게 세우소서

39. 내가 두려워하는 비방을 내게서 떠나게 하소서 주의 규례들은 선하심이니이다

40. 내가 주의 법도들을 사모하였사오니 주의 의로 나를 살아나게 하소서

41. 여호와여 주의 말씀대로 주의 인자하심과 주의 구원을 내게 임하게 하소서

42. 그리하시면 내가 나를 비방하는 자들에게 대답할 말이 있사오리니 내가 주의 말씀을
     의지함이니이다

43. 진리의 말씀이 내 입에서 조금도 떠나지 말게 하소서 내가 주의 규례를 바랐음이니이다

44. 내가 주의 율법을 항상 지키리이다 영원히 지키리이다

45. 내가 주의 법도들을 구하였사오니 자유롭게 걸어갈 것이오며

46. 또 왕들 앞에서 주의 교훈들을 말할 때에 수치를 당하지 아니하겠사오며

47. 내가 사랑하는 주의 계명들을 스스로 즐거워하며

48. 또 내가 사랑하는 주의 계명들을 향하여 내 손을 들고 주의 율례들을 작은 소리로 읊조리리이다

55. 여호와여 내가 밤에 주의 이름을 기억하고 주의 법을 지켰나이다

56. 내 소유는 이것이니 곧 주의 법도들을 지킨 것이니이다

57. 여호와는 나의 분깃이시니 나는 주의 말씀을 지키리라 하였나이다

58. 내가 전심으로 주께 간구하였사오니 주의 말씀대로 내게 은혜를 베푸소서

59. 내가 내 행위를 생각하고 주의 증거들을 향하여 내 발길을 돌이켰사오며

60. 주의 계명들을 지키기에 신속히 하고 지체하지 아니하였나이다

61. 악인들의 줄이 내게 두루 얽혔을지라도 나는 주의 법을 잊지 아니하였나이다

이해했어요 ☐   재미있어요 ☐   어려워요 ☐

62. 내가 주의 의로운 규례들로 말미암아 밤중에 일어나 주께 감사하리이다

63. 나는 주를 경외하는 모든 자들과 주의 법도들을 지키는 자들의 친구라

64. 여호와여 주의 인자하심이 땅에 충만하였사오니 주의 율례들로 나를 가르치소서

65. 여호와여 주의 말씀대로 주의 종을 선대하셨나이다

66. 내가 주의 계명들을 믿었사오니 좋은 명철과 지식을 내게 가르치소서

67. 고난 당하기 전에는 내가 그릇 행하였더니 이제는 주의 말씀을 지키나이다

내가 사랑하는 주의 ◯◯들을 스스로 즐거워하며

68. 주는 선하사 선을 행하시오니 주의 율례들로 나를 가르치소서

69. 교만한 자들이 거짓을 지어 나를 치려 하였사오나 나는 전심으로
   주의 법도들을 지키리이다

70. 그들의 마음은 살쪄서 기름덩이 같으나 나는 주의 법을
   즐거워하나이다

71. 고난 당한 것이 내게 유익이라 이로 말미암아 내가 주의 율례들을 배우게 되었나이다

72. 주의 입의 법이 내게는 천천 금은보다 좋으니이다

73. 주의 손이 나를 만들고 세우셨사오니 내가 깨달아 주의 계명들을 배우게 하소서

74. 주를 경외하는 자들이 나를 보고 기뻐하는 것은 내가 주의 말씀을 바라는 까닭이니이다

75. 여호와여 내가 알거니와 주의 심판은 의로우시고 주께서 나를 괴롭게 하심은 성실하심 때문이니이다

76. 구하오니 주의 종에게 하신 말씀대로 주의 인자하심이 나의 위안이 되게 하시며

77. 주의 긍휼히 여기심이 내게 임하사 내가 살게 하소서 주의 법은 나의 즐거움이니이다

78. 교만한 자들이 거짓으로 나를 엎드러뜨렸으니 그들이 수치를 당하게 하소서 나는 주의 법도들을 작은 소리로 읊조리리이다

79. 주를 경외하는 자들이 내게 돌아오게 하소서 그리하시면 그들이 주의 증거들을 알리이다

80. 내 마음으로 주의 율례들에 완전하게 하사 내가 수치를 당하지 아니하게 하소서

81. 나의 영혼이 주의 구원을 사모하기에 피곤하오나 나는 주의 말씀을 바라나이다

82. 나의 말이 주께서 언제나 나를 안위하실까 하면서 내 눈이 주의 말씀을 바라기에 피곤하니이다

83. 내가 연기 속의 가죽 부대 같이 되었으나 주의 율례들을 잊지 아니하나이다

84. 주의 종의 날이 얼마나 되나이까 나를 핍박하는 자들을 주께서 언제나 심판하시리이까

85. 주의 법을 따르지 아니하는 교만한 자들이 나를 해하려고 웅덩이를 팠나이다

86. 주의 모든 계명들은 신실하니이다 그들이 이유 없이 나를 핍박하오니 나를 도우소서

87. 그들이 나를 세상에서 거의 멸하였으나 나는 주의 법도들을 버리지 아니하였사오니

88. 주의 인자하심을 따라 나를 살아나게 하소서 그리하시면 주의 입의 교훈들을 내가 지키리이다

89. 여호와여 주의 말씀은 영원히 하늘에 굳게 섰사오며

90. 주의 성실하심은 대대에 이르나이다 주께서 땅을 세우셨으므로 땅이 항상 있사오니

91. 천지가 주의 규례들대로 오늘까지 있음은 만물이 주의 종이 된 까닭이니이다

92. 주의 법이 나의 즐거움이 되지 아니하였더면 내가 내 고난 중에 멸망하였으리이다

93. 내가 주의 법도들을 영원히 잊지 아니하오니 주께서 이것들 때문에 나를 살게 하심
이니이다

94. 나는 주의 것이오니 나를 구원하소서 내가 주의 법도들만을 찾았나이다

95. 악인들이 나를 멸하려고 엿보오나 나는 주의 증거들만을 생각하겠나이다

96. 내가 보니 모든 완전한 것이 다 끝이 있어도 주의 계명들은 심히 넓으니이다

97. 내가 주의 법을 어찌 그리 사랑하는지요 내가 그것을 종일 작은 소리로 읊조리나이다

103. 주의 말씀의 맛이 내게 어찌 그리 단지요 내 입에 꿀보다 더 다니이다

104. 주의 법도들로 말미암아 내가 명철하게 되었으므로 모든 거짓 행위를 미워하나이다

105. 주의 말씀은 내 발에 등이요 내 길에 빛이니이다

106. 주의 의로운 규례들을 지키기로 맹세하고 굳게 정하였나이다

107. 나의 고난이 매우 심하오니 여호와여 주의 말씀대로 나를 살아나게 하소서

108. 여호와여 구하오니 내 입이 드리는 자원제물을 받으시고 주의 공의를 내게 가르치소서

109. 나의 생명이 항상 위기에 있사오나 나는 주의 법을 잊지 아니하나이다

110. 악인들이 나를 해하려고 올무를 놓았사오나 나는 주의 법도들에서 떠나지 아니하였나이다

111. 주의 증거들로 내가 영원히 나의 기업을 삼았사오니 이는 내 마음의 즐거움이 됨이니이다

주의 ◯◯이 심히 순수하므로 주의 종이 이를 사랑하나이다

140. 주의 말씀이 심히 순수하므로 주의 종이 이를 사랑하나이다

141. 내가 미천하여 멸시를 당하나 주의 법도를 잊지 아니하였나이다

142. 주의 의는 영원한 의요 주의 율법은 진리로소이다

143. 환난과 우환이 내게 미쳤으나 주의 계명은 나의 즐거움이니이다

144. 주의 증거들은 영원히 의로우시니 나로 하여금 깨닫게 하사 살게 하소서

145. 여호와여 내가 전심으로 부르짖었사오니 내게 응답하소서 내가 주의 교훈들을 지키리이다

146. 내가 주께 부르짖었사오니 나를 구원하소서 내가 주의 증거들을 지키리이다

147. 내가 날이 밝기 전에 부르짖으며 주의 말씀을 바랐사오며

148. 주의 말씀을 조용히 읊조리려고 내가 새벽녘에 눈을 떴나이다

119편 97, 105절 따라쓰면서 암송하기!

97. 내가 주의 법을 어찌 그리 사랑하는지요 내가 그것을 종일 작은 소리로 읊조리나이다

105. 주의 말씀은 내 발에 등이요 내 길에 빛이니이다

 **121편**

성전에 올라가는 노래

1. 내가 산을 향하여 눈을 들리라 나의 도움이 어디서 올까

2. 나의 도움은 천지를 지으신 여호와에게서로다

3. 여호와께서 너를 실족하지 아니하게 하시며 너를 지키시는 이가 졸지 아니하시리로다

4. 이스라엘을 지키시는 이는 졸지도 아니하시고 주무시지도 아니하시리로다

5. 여호와는 너를 지키시는 이시라 여호와께서 네 오른쪽에서 네 그늘이 되시나니

6. 낮의 해가 너를 상하게 하지 아니하며 밤의 달도 너를 해치지 아니하리로다

7. 여호와께서 너를 지켜 모든 환난을 면하게 하시며 또 네 영혼을 지키시리로다

8. 여호와께서 너의 출입을 지금부터 영원까지 지키시리로다

121편 1-2절, 따라쓰면서 암송하기!

1. 내가 산을 향하여 눈을 들리라 나의 도움이 어디서 올까
2. 나의 도움은 천지를 지으신 여호와에게서로다

126편

성전에 올라가는 노래

1. 여호와께서 시온의 포로를 돌려 보내실 때에 우리는 꿈꾸는 것 같았도다

2. 그 때에 우리 입에는 웃음이 가득하고 우리 혀에는 찬양이 찼었도다 그 때에 뭇 나라 가운데에서 말하기를 여호와께서 그들을 위하여 큰 일을 행하셨다 하였도다

3. 여호와께서 우리를 위하여 큰 일을 행하셨으니 우리는 기쁘도다

4. 여호와여 우리의 포로를 남방 시내들 같이 돌려 보내소서

5. 눈물을 흘리며 씨를 뿌리는 자는 기쁨으로 거두리로다

6. 울며 씨를 뿌리러 나가는 자는 반드시 기쁨으로 그 곡식 단을 가지고 돌아오리로다

126편 6절, 따라쓰면서 암송하기!

6. 울며 씨를 뿌리러 나가는 자는 반드시 기쁨으로
그 곡식 단을 가지고 돌아오리로다

 127편

솔로몬의 시 곧 성전에 올라가는 노래

1. 여호와께서 집을 세우지 아니하시면 세우는 자의 수고가 헛되며 여호와께서 성을
지키지 아니하시면 파수꾼의 깨어 있음이 헛되도다

2. 너희가 일찍이 일어나고 늦게 누우며 수고의 떡을 먹음이 헛되도다
그러므로 여호와께서 그의 사랑하시는 자에게는 잠을 주시는도다

3. 보라 자식들은 여호와의 기업이요 태의 열매는 그의 상급이로다

127편 1절, 따라쓰면서 암송하기!

1. 여호와께서 집을 세우지 아니하시면 세우는 자의 수고가 헛되며 여호와께서 성을 지키지 아니하시면 파수꾼의 깨어 있음이 헛되도다

128편

성전에 올라가는 노래

1. 여호와를 경외하며 그의 길을 걷는 자마다 복이 있도다

2. 네가 네 손이 수고한 대로 먹을 것이라 네가 복되고 형통하리로다

3. 네 집 안방에 있는 네 아내는 결실한 포도나무 같으며 네 식탁에 둘러 앉은 자식들은 어린 감람나무 같으리로다

4. 여호와를 경외하는 자는 이같이 복을 얻으리로다

128편 2절, 따라쓰면서 암송하기!

2. 네가 네 손이 수고한 대로 먹을 것이라 네가 복되고 형통하리로다

130편

성전에 올라가는 노래

5. 나 곧 내 영혼은 여호와를 기다리며 나는 주의 말씀을 바라는도다

6. 파수꾼이 아침을 기다림보다 내 영혼이 주를 더 기다리나니 참으로 파수꾼이 아침을 기다림보다 더하도다

7. 이스라엘아 여호와를 바랄지어다 여호와께서는 인자하심과 풍성한 속량이 있음이라

8. 그가 이스라엘을 그의 모든 죄악에서 속량하시리로다

130편 6절, 따라쓰면서 암송하기!

6. 파수꾼이 아침을 기다림보다 내 영혼이 주를 더 기다리나니 참으로 파수꾼이 아침을 기다림보다 더하도다

 **135편**

1. 할렐루야 여호와의 이름을 찬송하라 여호와의 종들아 찬송하라

2. 여호와의 집 우리 여호와의 성전 곧 우리 하나님의 성전 뜰에 서 있는 너희여

3. 여호와를 찬송하라 여호와는 선하시며 그의 이름이 아름다우니 그의 이름을 찬양하라

4. 여호와께서 자기를 위하여 야곱 곧 이스라엘을 자기의 특별한 소유로 택하셨음이로다

5. 내가 알거니와 여호와께서는 위대하시며 우리 주는 모든 신들보다 위대하시도다

6. 여호와께서 그가 기뻐하시는 모든 일을 천지와 바다와 모든 깊은 데서 다 행하셨도다

7. 안개를 땅 끝에서 일으키시며 비를 위하여 번개를 만드시며 바람을 그 곳간에서 내시는도다

135편 5절, 따라쓰면서 암송하기!

5. 내가 알거니와 여호와께서는 위대하시며 우리 주는
모든 신들보다 위대하시도다

138편

다윗의 시

1. 내가 전심으로 주께 감사하며 신들 앞에서 주께 찬송하리이다

2. 내가 주의 성전을 향하여 예배하며 주의 인자하심과 성실하심으로 말미암아 주의 이름에 감사하오리니 이는 주께서 주의 말씀을 주의 모든 이름보다 높게 하셨음이라

3. 내가 간구하는 날에 주께서 응답하시고 내 영혼에 힘을 주어 나를 강하게 하셨나이다

4. 여호와여 세상의 모든 왕들이 주께 감사할 것은 그들이 주의 입의 말씀을 들음이오며

5. 그들이 여호와의 도를 노래할 것은 여호와의 영광이 크심이니이다

6. 여호와께서는 높이 계셔도 낮은 자를 굽어살피시며 멀리서도 교만한 자를 아심이니이다

7. 내가 환난 중에 다닐지라도 주께서 나를 살아나게 하시고 주의 손을 펴사 내 원수들의
   분노를 막으시며 주의 오른손이 나를 구원하시리이다

8. 여호와께서 나를 위하여 보상해 주시리이다 여호와여 주의 인자하심이 영원하오니 주
   의 손으로 지으신 것을 버리지 마옵소서

138편 7절, 따라쓰면서 암송하기!

7. 내가 환난 중에 다닐지라도 주께서 나를 살아나게 하시고
   주의 손을 펴사 내 원수들의 분노를 막으시며 주의 오른손이
   나를 구원하시리이다

 **139편**

다윗의 시, 인도자를 따라 부르는 노래

1. 여호와여 주께서 나를 살펴 보셨으므로 나를 아시나이다

2. 주께서 내가 앉고 일어섬을 아시고 멀리서도 나의 생각을 밝히 아시오며

이해했어요☐ 재미있어요☐ 어려워요☐

3. 나의 모든 길과 내가 눕는 것을 살펴 보셨으므로 나의 모든 행위를 익히 아시오니

4. 여호와여 내 혀의 말을 알지 못하시는 것이 하나도 없으시니이다

5. 주께서 나의 앞뒤를 둘러싸시고 내게 안수하셨나이다

6. 이 지식이 내게 너무 기이하니 높아서 내가 능히 미치지 못하나이다

7. 내가 주의 영을 떠나 어디로 가며 주의 앞에서 어디로 피하리이까

8. 내가 하늘에 올라갈지라도 거기 계시며 스올에 내 자리를 펼지라도 거기 계시니이다

9. 내가 새벽 날개를 치며 바다 끝에 가서 거주할지라도

10. 거기서도 주의 손이 나를 인도하시며 주의 오른손이 나를 붙드시리이다

139편 2절, 따라쓰면서 암송하기!

2. 주께서 내가 앉고 일어섬을 아시고 멀리서도 나의 생각을 밝히 아시오며

 **144편**

다윗의 시

1. 나의 반석이신 여호와를 찬송하리로다 그가 내 손을 가르쳐 싸우게
   하시며 손가락을 가르쳐 전쟁하게 하시는도다

2. 여호와는 나의 사랑이시요 나의 요새이시요 나의 산성이시요 나를 건지시는 이시요
   나의 방패이시니 내가 그에게 피하였고 그가 내 백성을 내게 복종하게 하셨나이다

3. 여호와여 사람이 무엇이기에 주께서 그를 알아 주시며 인생이 무엇이기에 그를 생각
   하시나이까

4. 사람은 헛것 같고 그의 날은 지나가는 그림자 같으니이다

5. 여호와여 주의 하늘을 드리우고 강림하시며 산들에 접촉하사 연기를 내게 하소서

6. 번개를 번쩍이사 원수들을 흩으시며 주의 화살을 쏘아 그들을 무찌르소서

7. 위에서부터 주의 손을 펴사 나를 큰 물과 이방인의 손에서 구하여 건지소서

8. 그들의 입은 거짓을 말하며 그의 오른손은 거짓의 오른손이니이다

9. 하나님이여 내가 주께 새 노래로 노래하며 열 줄 비파로 주를 찬양하리이다

10. 주는 왕들에게 구원을 베푸시는 자시요 그의 종 다윗을 그 해하려는 칼에서 구하시는 자시니이다

11. 이방인의 손에서 나를 구하여 건지소서 그들의 입은 거짓을 말하며 그 오른손은 거짓의 오른손이니이다

12. 우리 아들들은 어리다가 장성한 나무들과 같으며 우리 딸들은 궁전의 양식대로 아름답게 다듬은 모퉁잇돌들과 같으며

144편 3절, 따라쓰면서 암송하기!

3. 여호와여 사람이 무엇이기에 주께서 그를 알아 주시며
인생이 무엇이기에 그를 생각하시나이까

145편

다윗의 찬송시

1. 왕이신 나의 하나님이여 내가 주를 높이고 영원히 주의 이름을 송축하리이다

2. 내가 날마다 주를 송축하며 영원히 주의 이름을 송축하리이다

3. 여호와는 위대하시니 크게 찬양할 것이라 그의 위대하심을 측량하지 못하리로다

4. 대대로 주께서 행하시는 일을 크게 찬양하며 주의 능한 일을 선포하리로다

5. 주의 존귀하고 영광스러운 위엄과 주의 기이한 일들을 나는 작은 소리로 읊조리리이다

6. 사람들은 주의 두려운 일의 권능을 말할 것이요 나도 주의 위대하심을 선포하리이다

7. 그들이 주의 크신 은혜를 기념하여 말하며 주의 의를 노래하리이다

8. 여호와는 은혜로우시며 긍휼이 많으시며 노하기를 더디 하시며 인자하심이 크시도다

145편 8절, 따라쓰면서 암송하기!

8. 여호와는 은혜로우시며 긍휼이 많으시며 노하기를
   더디 하시며 인자하심이 크시도다

할렐루야
내 영혼아 여호와를
○○하라

146편

다윗의 찬송시

1. 할렐루야 내 영혼아 여호와를 찬양하라

2. 나의 생전에 여호와를 찬양하며 나의 평생에 내 하나님을 찬송하리로다

3. 귀인들을 의지하지 말며 도울 힘이 없는 인생도 의지하지 말지니

4. 그의 호흡이 끊어지면 흙으로 돌아가서 그 날에 그의 생각이 소멸하리로다

5. 야곱의 하나님을 자기의 도움으로 삼으며 여호와 자기 하나님에게 자기의 소
   망을 두는 자는 복이 있도다

6. 여호와는 천지와 바다와 그 중의 만물을 지으시며 영원히 진실함을 지키시며

7. 억눌린 사람들을 위해 정의로 심판하시며 주린 자들에게 먹을 것을 주시는 이시로다 여호와께서는 갇힌 자들에게 자유를 주시는도다

8. 여호와께서 맹인들의 눈을 여시며 여호와께서 비굴한 자들을 일으키시며 여호와께서 의인들을 사랑하시며

9. 여호와께서 나그네들을 보호하시며 고아와 과부를 붙드시고 악인들의 길은 굽게 하시는도다

10. 시온아 여호와는 영원히 다스리시고 네 하나님은 대대로 통치하시리로다 할렐루야

146편 2절, 따라쓰면서 암송하기!

2. 나의 생전에 여호와를 찬양하며 나의 평생에 내 하나님을 찬송하리로다

 # 150편

1. 할렐루야 그의 성소에서 하나님을 찬양하며 그의 권능의 궁창에서 그를 찬양할지어다

2. 그의 능하신 행동을 찬양하며 그의 지극히 위대하심을 따라 찬양할지어다

3. 나팔 소리로 찬양하며 비파와 수금으로 찬양할지어다

4. 소고 치며 춤 추어 찬양하며 현악과 퉁소로 찬양할지어다

5. 큰 소리 나는 제금으로 찬양하며 높은 소리 나는 제금으로 찬양할지어다

6. 호흡이 있는 자마다 여호와를 찬양할지어다 할렐루야

150편 6절, 따라쓰면서 암송하기!

6. 호흡이 있는 자마다 여호와를 찬양할지어다 할렐루야

시편 필사를 마치며...
소감이나 기도문을 작성하여 보세요!

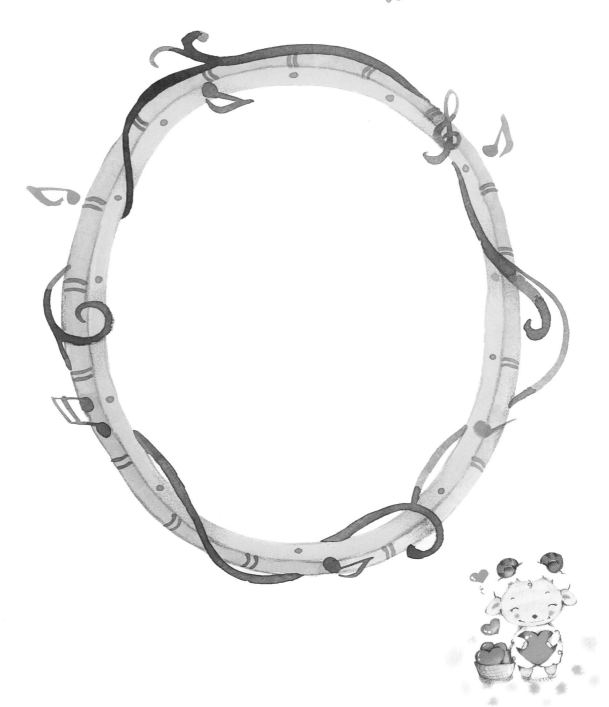

씁니다 시리즈 – ❷

시편.씁니다
PSALMS WRITE

그림 박서현   **편집·디자인** 정수연
펴낸곳 에이프릴지저스   **펴낸이** 윤인희

등 록   제2019-000161호
주 소   경기도 고양시 일산서구 주화로 180
전 화   031) 908-3432   **팩스** 0504-230-0965
이메일   apriljesus2017@gmail.com
판 권   ⓒ에이프릴지저스2019
ISBN   979-11-90850-12-4 04230,
ISBN   979-11-90850-01-8 04230(set)

인스타그램 instagram.com/apriljesus
홈페이지   www.apriljesus.com

에이프릴지저스